우리 시대 현대시조 100인선 90

적멸을 꿈꾸며

하순희

태학사

우리 시대 현대시조 100인선 90

적멸을 꿈꾸며

초판 인쇄 2004년 5월 20일 • 초판 발행 2004년 5월 22일 • 지은이 하순희 • 펴낸이 지현구 • 펴낸곳 태학사 • 주소 서울시 서초구 서초2동 1357-42 • 전화 (02) 584-1740 (代) • 팩스 (02) 584-1730 • e-mail thaehak4@chollian.net • http://www.thaehak4.com • 등록 제22-1455호

ISBN 89-7626-913-6   04810 • ISBN   89-7626-507-6   (세트)

ⓒ 하순희, 2004
값 5,000 원

☞ 저자와의 협의하에 인지를 생략합니다.
☞ 파본은 구입한 곳이나 본사에서 바꾸어 드립니다.

경남 시조 문학상 시상식장에서 함께한 경남의 문인들 (2001.10.6)

왼쪽부터 오세영, 김제현, 필자, 민병도, 김보영, 이상범 (2001.12.21)

중앙 시조대상 시상식장에서 함께 한 가족들 (2001.12.21)

고성 옥천사 경내에서 왼쪽부터 장녀 선혜, 남편 김태중, 필자, 장남 선우 (2002. 늦가을 저물 무렵)

차례

제1부 비, 우체국

비, 우체국	13
대형마트에서	14
엉겅퀴	15
마늘 까기	16
촛불	17
그릇	18
수녀원	19
처서 무렵	20
하회마을	21
고향집 · 3	22
이중섭의 유작전에서 · 1	23
이중섭의 유작전에서 · 2	24
적멸을 꿈꾸며	26
허무에 대하여	27
수몰지의 사진첩	28
아카시아	29

제2부 길목에서

석탄	33
행복	34
엘리베이터	35
핸드폰	36
짧지만 길기도한 생의 운명같은	37
노을	38
길목에서	39
달팽이	40
길목에서·2	41
때로는	42
섬	43
합포만	44
소멸을 위한 노래	45
비·1	46
E-MAIL에 관한 단상	47

제3부 이중섭의 흰소를 보며

이중섭의 흰 소를 보며	51
시(詩)	52
시집을 읽으며	53
빗장을 열고	54
마감 뉴스를 들으며	55
편지	56
비오는 날	57
아카시아꽃 필 때	58
컴퓨터론	59
해질 무렵	61
우기를 건너며	62
뜨개질	64
귀로 · 1	65
여름의 기도	66
가을의 시(詩)	67
고향집 · 1	68
고향집 · 2	69

제4부 장경 속의 절 한 채

겨울고원	73
장경 속의 절 한 채	74
겨울 산문	76
빗돌의 노래·1	77
빗돌의 노래·2	79
겨울나기	80
버찌처럼 검어도	81
비상구	82
자판기	83
걸음·1	84
다시	85
걸음·12	86
해돋이	87
여행	88
푸른 시간	89
연변 동포	91
씨앗 하나의 가을	92

그리움	93
바다 묵시록	94
생전에	95

해설 존재 탐색과 사회적 상상력의 통합·유성호
97
하순희 연보 117
참고문헌 119

제1부 비, 우체국

비, 우체국

난 한 촉 벌고 있는 소액환 창구에서
얼어 터져 피가 나는 투박한 손을 본다
"이것 좀 대신 써 주소, 글을 씰 수 없어예."
꼬깃꼬깃 접혀진 세종대왕 얼굴 위로
검게 젖은 빗물이 고랑이 되어 흐른다
"애비는 그냥 저냥 잘 있다. 에미 말 잘 들어라."
갯벌 매립 공사장, 왼종일 등짐을 져다 나르다
식은 빵 한 조각 콩나물 국밥 한술 속으로
밤새운 만장의 그리움, 강물로 뒤척인다.
새우잠 자는 부러진 스티로폼 사이에
철 이른 냉이꽃이 하얗게 피고 있다
울커덩 붉어지는 눈시울,
끝나지 않은 삶의 고리

대형마트에서

누구는 이름하여 맹독이라 그랬다
모조리 쓸어가는 강풍의 토네이도
유통망, 거대한 공룡
먹성 좋은 괴물이다.

난전에 드러누운 할아버지 흰 수염
전세계를 꽁꽁 묶은 철골의 해리포터
내일은 어느 마법사가
무슨 주문 걸 것인가

엉겅퀴

온몸 가득
가시 세워

낭자하게 피 흘리며

사는 일 까마득하여
소리내어 울고 있다.

아무도
기억하지 않는
세상 한편 언덕에.

마늘 까기

삼월 건너 곡우절
겨울 지난 마늘을 깐다.

열에 아홉은 마르고 찌그러져

한 곳도
성한데 없이
상할 대로 상했다.

상하는 일 때묻는 일
지친 육신 그대로

푸르게 눈을 뜨는
톡 쏘는 열림 같은

맵고도 정갈한 맛의
우리 삶은
없는 걸까

촛불

다시 네가 삶 안에 중심으로 섰을 때
천지는 여린 속내 일렁이는 봄 이파리
새하얀 솜털 날리며
눈부시게 반짝여

이글거리며 타오르는 붉디붉은 용광로
가슴 저 밑바닥을 힘차게 뚫고 오르는
도저히 참을 수 없어
솟구치며 녹아내려

바람으로 다가오는 이웃의 울타리로
하얀 목숨 한 자락 아낌없이 태우며
이승이 끝나더라도
밝혀야 할 생의 둘레

그릇

산산이 부서져라 한 점도 남기지 말고
부서져 어느 도공의 손끝에 다시 가 닿아
수만도 불길 속에서 끓는 물이 되거라

어쩌지 못해 지녀왔던 못난 삶의 언저리
바스러질 대로 바스러져 형체 모두 지워버린 채
티끌로 먼지로 변해 흙으로 돌아가라

하얀 피 철철 흘려 깨어지는 아픔 있어도
풀잎 돋고 뿌리내린 나무 밑의 한줌 흙으로
몇 억겁 바람이 불어도 그 세월 이기거라

그런 날 인연 닿는 어느 도공의 눈에 띄어
시린 마음을 담아 데워서 건네주는
이 지상 단 하나 남을 결 고운 그릇이 되거라.

수녀원

누이를 찾아 들린 밤깊은 수녀원 뜰
헤매던 시간들이 아픈 발꿈치로 서성대고
철 지난 장미꽃들이 담장을 덮고 있다.

젖어있는 어머니 목수건 같은 꿈을 쫓으러
떠나는 나뭇잎처럼 자유롭게 지고싶다.
언 몸을 녹이며 오는
금을 긋는 새벽 종소리

처서 무렵

땀 흐르던 그 여름은 혈육처럼 가버리고
비 오는 이 가을밤 아무 말도 할 수 없어
떠난 지 며칠 사이에 벌레 소리만 가득하다

꿈인 듯 생시인 듯 가물대는 그 모습
골수에 맺힌 한 호흡 밖의 병이 되어
서 가는 생의 끝까지
닦아야할 흐린 거울

하회마을

기왓장
내 살아 건너가는 이승의 한 구비에
물도리동 토담 위 퍼렇게 눈뜨고 있는
조선의 기왓장처럼 뉘 품에 안기울까

삼신당 느티나무
가고 오는 발길은 육백 년이 더 지났어도
합장하는 마음은 붙박이 그대로다
애끓는 소원들 맺혀 잎눈 붉게 터진다.

병산 서원
평생 지녀 살고픈 마음속의 그림 한 폭
서책에 파묻힌 나날 매화 눈을 틔우며
빛나는 화장세계*를 펼치어 보이는가.

* 화장세계 : 불교에서의 이상향

고향집 · 3

아는 이 모두 떠난 대청마루 혼자 앉아
받을 사람 없어도 이끼 낀 편지를 쓴다.
등피 속 그을음을 걷어 추억을 불 밝히며

낡아버린 책상에 팔꿈치를 고이면
침을 묻혀가면서 고쳐 쓰던 일기장엔
실타래 풀어 올리며 다가서는 이름 있다.

이중섭의 유작전에서 · 1
―남덕에게

지아비를 위하여 바라춤을 추던 그대
생살을 도려내는 가슴저린 끈 하나로
서귀포 시린 파도를
건너가는 흰 맨발

유채꽃 같이 흔들리는 지아비의 하늘 아래
햇살 되어 나뭇잎 되어 파래처럼 자맥질 치며
게걸음 부서져 내려도
깨금발 뛰던 웃음소리

떠도는 하루하루 처진 어깨 추스르며
풀지 못한 어둠을 지탱해 주던 은지화
흰 뼈로 홀로 서 있는
그리운 자작나무

이중섭의 유작전에서 · 2
—남덕에게

서귀포에 날리는 흰 눈발을 안주 삼아
생각한다, 팟종 같이 쓰라렸던 그대 꿈을
판자에
덧칠하면서도
키워왔던 귤빛 꿈을

귤처럼 탱탱하게 젖어서 출렁이던
손바닥만한 은지화에 은빛으로 번지던
사랑은
향기로운 즙
허기져도 풋풋했네

살아 시퍼렇게 차오르던 밤 파도
쪽문 열면 흰 뼈로 밀려오던 달빛 아래
돌담장
인동초 줄기는
푸를대로 푸르러

물 설고 낯이 설어 깡소주처럼 독하던 땅,
속절없는 지아비 밟고 오는 능선에
새벽은
언제 오려는가
찬 손 비비던 그대 꿈을

적멸을 꿈꾸며

해진 신발을 끌며 가야 할 길 남아있어
난타하는 북소리 온몸으로 받으며
몸 하나 깨끗이 사를
장작 한단 마련키 위해

눈감아도 젖어오는 흐린 날 강둑에서
흩뿌리면 그만인 이름 없는 늑골들
적멸에 들고픈 홀씨
바람결에 날아간다

허무에 대하여

오늘은 우리 사는 날의 허무함을
있는 모습 그대로 뿌리까지 맡겨 보자
투명한 유리잔 가득 흘러 넘칠 때까지

절여진 아픔이어도 송두리째 드러내면
식초에 잠길수록 시원한 무좀 먹은 발처럼
적외선 쏘여 긁으면 치유될 수 있을지

이제껏 걸어온 길 눈앞이 아득해도
새소리 바람소리 흙내 띤 물소리로
깨우리
내 삶의 질그릇 눈부시게 닦일 때까지.

수몰지의 사진첩

뼛속까지 스며드는 말리고픈 이 한기
미루나무 가지 새로 날아오는 새떼들
오늘은
적막한 바람으로
꿈꾸며 잠겨 있다.

생살을 찢어가며 소금간을 절여대던
폭풍 같은 그 상채기 안으로 다스리고
부르면
달려올 것만 같은
차마 못 잊을 이웃이여.

아카시아
—망월동에서

살아서 버려지고
짓밟힌 풋목숨들

아카시아 꽃잎 피듯
흰나비로 나른다

진실로
용서한 자 만이.
웃고선 이 오월에

살아 남기 위하여
져야만 했던 망월동에

이제 깃발은 돌아와
다시 꽃이 되고

어둠 속
짙푸른 들녘
봉화처럼 타오른다.

제2부 길목에서

석탄

다시 나를 보내다오 아프리카 밀림으로
맘모스와 공룡이 어울려 함께 어울려
광막한 푸른 초원 위
야자수 잎새 춤추던

수억 광년 빛의 세월 거슬러 내려가면
거기 가슴 저린 손발 저린 진폐증
눈물도 검은 눈물도
말라붙은 동공이

푸르러 더 싱싱한 지구의 허파 그 시대로
철철철 넘치는 수액 온몸을 적셔주는
돌아가 태어나고싶다.
다시 푸른 몸으로

행복
―잊히지 않는

칠불사 대웅전 앞
황금빛 은행나무

가을날
황금종소리

더-ㅇ
 더-ㅇ
  더-ㅇ
   보시 올리더니

한평생
훌훌이 벗고
혼자 하늘
날고 있다.

엘리베이터

바깥에선 수(手)인사
알 길 없는 안의 그대

일방통행
직진으로

수직상승
수직하강

누르는
숫자판 위에
쌓여가는
생의 청구서

핸드폰

절절한
아픔들도

나비되어
날아간다

25시를 건너며
그대 꿈속을
파고들며

상실한
분신을 향해

열어두는
희망의 귀

짧지만 길기도한 생의 운명같은

파스텔 물감으로
일어서는 사월 산

암벽에
아슬아슬

피워 올린
초롱꽃

그 옆에
둥지를 틀고

새끼치는
까치여

노을

빙벽보다 더 무서운 절망을 녹여내며
마지막 가슴에 남은 단 한 장의 날개옷
허기진 연대의 끝을
휘장처럼 감쌌구나.

길목에서

갈대꽃 흐드러지게
길목을 지켜 피었다

소주잔 비워낼수록
쓸쓸해지는 저녁답

한 밤을 건너서가는
추억의 기차 소리……

남도가락 흐르던
서러웠던 언덕바지

이제는 보이지 않는
별 하나 기다리며

내 여린 피리 하나로
목숨 다해 부르네

달팽이

눅눅한 습지에서 어둠만을 탐하다
햇살 환한 골목어귀 무르팍이 시리다
아파라, 기어가야만 닿을 수 있는 촉수

벗어버린 등짐 아래 짓무르는 살점들
하얗게 길을 내며 온 생을 떠돌아도
눈부신 빛의 광장에 가 닿을 때까지

전신을 부딪쳐도 소리 하나 낼 수 없어
물러터진 몸뚱이 흘러내리는 쓰린 즙
숙면을 가르는 한 밤 나뭇잎을 갉는다.

길목에서 · 2

마침표를 찍지 못해
살아남은 쓸쓸한 밤

고단한 잠 속으로
불어오는 바람 소리

굳은 손 포개 잡은 채
여울로 누워 있다.

영혼의 꽃씨 몇 알
바늘귀에 꿰어 두고

가슴 치는 강가에서
회한을 접는 나날

금이 간 골목의 벽들이
어깨를 기대고 서 있다.

때로는

담배 연기 한 모금에 젖어들고 싶은 날 있다.

때로는 한 잔 술에 적셔지고 싶은 날 있다.

하늘에 조각달 되어 부서지고 싶은 날 있다.

섬
―이중섭의 게―

아랫도리 젖은 남자가 천천히 오고 있다.
서귀포 앞 바닷가 기어가는 게 한 마리
펼쳐진 은박지 가득
새떼들이 날아든다

소태같은 고통 잔 가득 넘쳐 흘러
일어서는 깊은 어둠 손길 닿는 길목에서
서러운 천도*를 인 채
한 여자가 젖고 있다.

* 천도 : 이중섭이 즐겨 그린 천도복숭아

합포만

자식 잃은 어미와 지아비 잃은 지어미도
사르랑 사운대며 쓸어주는 손길 앞에
산동백 붉은 꽃잎도
피우며 살아가고

돌아오라 돌아오라 소리쳐 부르고픈
푸른 추억 걸려있는 가포의 낡은 등대
가난한 마음의 갈피를
적셔주는 흰 파도

헐리는 손끝으로 짓무른 눈 부비며
조개를 잡고 있는 가슴 들어낸 갯벌에
햇살은 창날이 되어
수직으로 꽂힌다.

소멸을 위한 노래

반쪽 밖에 안 남은 한 자루 고구마
겉은 멀쩡한데 속은 온통 썩었다
멀쩡한 겉만 보고서
고스란히 속았다

사람도 이리 되면 참담해서 어쩌나
겪기 전에 깊숙이 점검도 하여 보고
속마음 전류도 흐르게
스위치 하나 켜 두라

생생한 귀퉁이쪽 돋아나는 연붉은 새순
소멸, 그리고 목숨 안의 간절한 소망
무엇을 남길 수 있을까
번개 치는 그날엔

비 · 1

젖을 대로 젖으리라 여한 없이 젖으리라
옷깃에 스며드는 아카시아 향기처럼
삶이란 참답게 젖는 일
그대 가슴에 젖어드는 일

E-MAIL에 관한 단상

바라다 본 글 속에
핏빛 얼룩 배여 있다.
무수히 적셔지는
소리 없는 저 강물
검고도
짙푸른 고백
군데군데 엉켜 있다.

파래냄새 묻어나는
고동 줍던 바닷가
아직도 사위지 않은
그리움이 남아서
파도는
나를 떠밀어
어디론가 가게 하지만……

제3부 이중섭의 흰소를 보며

이중섭의 흰 소를 보며

한 획 등뼈처럼 내리그은 화필 끝에
언 땅을 노려보는 잠들 수 없는 눈빛
삭혀도 되살아나는
어쩔 수 없는 멍울인가

네 뿔이 이고 있는 군청(群靑)의 하늘 아래
주린 창자 안고 가는 흰옷 입은 이웃들과
뒤틀린 발자국 같은
배리(背理)의 길도 있었지.

나눠 지닌 궁핍 앞에 바람막이로 버티면서
묵묵히 네가 갈던 이 땅의 묵정 밭에
오늘은 또 다른 문명이
짙은 그늘 딛고 섰다.

시(詩)

한 줄기 별빛 되고 달빛이라도 되어서

아픈 세월 서늘하게 비출 수만 있다면

밤 새워 서녘 하늘을

나는 새를 그리리.

시집을 읽으며

나목이 받들고 선 엄동의 하늘 한 장
이제는 가고 없는 젊은 시인의 혼을 보며
아무리 되새겨 봐도
풀리지 않는 벽이 있다.

날선 끌로 파내던 그 가슴 한복판에
살아있는 언어는 가시처럼 박혀서
무엇을 증거하려고
몸부림 치고 있는가

새벽을 여는 이의 홀로 밟는 아침 길에
한 조각 햇살 되라고 맑은 이슬로 맺히라고
시인은 이렇게 남아
피리불고 있는가.

빗장을 열고

살아만 있어다오, 진심으로 빌겠다.
누렇게 바래고 삭은 못 부친 글줄 위로
당겨진 화살인 듯이
잡지 못한 하얀 손

우리 꼭 건너야 할 푸른 날을 향하여
가슴마다 열어야 할 칠천만의 문빗장
태풍이, 자유의 태풍이 되어
온 천지에 불고 싶어

살아도 머물지 못하고 죽어도 떠나지 못한
만리장천 떠도는 수숫대처럼 여윈 심장
순간과 영원을 잇는
청동의 닻을 올려라.

마감 뉴스를 들으며

뉴스를 들으면서 채근담을 생각는다.
쇠로부터 나온 녹이 쇠를 먹어 치운다는
채근담 그 한 구절을
밤늦도록 다시 읽는다.

어둠은 깊은 어둠은 벼랑처럼 가파른데
살아서 달려드는 저 무명의 계고장이
무수한 파편으로 날아
정수리에 박힌다.

등이 시린 이웃들의 아픔도 덮어 가며
서로가 서로에게 빛이 될 수 있기를
한 계절 어둠을 다스려
백열등을 다시 켠다

편지

살아 네 가슴에 푸르게 가 닿기 위해
핏빛 울음 물어서 나르는 어두운 저녁
무수한 시간 속으로
잎새들을 띄운다.

별빛처럼 쏟아지는 아득한 이방의 섬
지워도 돋아나는 시린 눈 젖은 손 끝
오늘도 난파당하는
흐린 날의 텔렉스.

비오는 날

사랑의 이름으로 묶여있는 끈들이
목이 메인 그리움
풀 길 없어 흐른다.
푸르게 불을 켜대며
나무 속을 흐른다.

아카시아꽃 필 때
―어머니께

수 없이 손을 뻗어 가슴으로 스며드는
오월 푸른 바람에 짙은 향기 날리면
마음강 한가운데서
눈물샘이 젖는다

바퀴처럼 맞물려 돌아가는 날들이
모처럼 한숨 돌려 징검다리 놓으면
비 젖은 꽃잎도 와서
돌계단에 앉았다

바람처럼 나뭇잎처럼 가실 줄을 알지만
떠날 때 다 되신 마른 풀 같은 어머니
조바심 재울 수 없어
홀로 손을 모은다.

컴퓨터론

키보드로 입력되는
차가운 공간 속에

내장된 언어들은
놀처럼 타오른다.

매달려 씨름하는 손
초침으로 잦아들고

최첨단 기계음이
여울지는 이 전선에

안겨오는 어둠들을
갈아엎어 가노라면

문명도 꽃잎이 되어
언 시간을 데울까.

간 절인 배추처럼
맥이 풀려 버린 날도

이제와 빛이 되고픈
비트의 푸른 거리

못다 푼 물음표들은
나비 되어 날고 있다.

해질 무렵
―노을

내 마음 한 귀퉁이
떨어져 나간 날은

한 목숨 다 엮어서
불씨를 지펴 본다.

꿈으로 살아나는 그대
뜨거운 빛을 본다

우기를 건너며

빗물에 번져 가는
일간지의 행간마다
이 시린 언어들이
발목을 묶고 있다.
한 다발 젖은 꽃으로
손목을 잡고 있다.

겹 렌즈로 포개지는
수묵빛 하늘 아래

설움처럼 비는 남아
마른 가슴 적실 때

우리는 또 무엇으로
물이랑을 건너는가

노을을 덮고 누운
잊혀진 연대들이

도라지 꽃빛으로
살아올 시간 위해
밟아도 무너지지 않는
다리로 남고 싶다.

뜨개질

잘 마른 명태같은
아흔 건넌 어머니

단잠의 거리를 걸어
세상을 잇고 계신다.

한 벌 옷
만들어진 날
건초같이 가볍다.

귀로 · 1
―어느 병사의 귀환

이윽고 밤이 왔다. 노을 젖은 숲을 건너
새들이 피 토하던 거치른 황야를 지나
어둠은 햇무리 되어
지친 육신 감쌌다.

누가 있어 우리들의 긴 날을 얘기하랴
때 절어 구토 나는 사슬 묶인 기억을 걸어
모퉁이 기대어 서서
젖은 모자를 말린다.

여름의 기도

솟구치는 물길 따라 부서지는 푸른 파도
마음의 이랑마다 스미는 그리움 되어
내리는 태양빛 아래
지친 꿈을 여물린다.

손 놓아 보내버린 뜻 없는 세월에도
불이었다 물이었다 온몸 저린 환희였다.
저 혼자 떠돌던 구름
비가 되어 내리고

제 가진 아픔들을 제 각각의 저울에 달며
작열하는 하늘 향해 날아오르는 목숨덩이
가을을 예비케 하소서
뜨거운 생의 한가운데

가을의 시(詩)

억새 피는 고향 언덕 마음두고 떠나와
하늘 끝에 서걱이는 마른 설움 풀어내며
해마다 늘 이맘때면
노오란 인동꽃이네

내리붓는 폭염 건너 단풍 물든 산자락 지나
가림 없는 빈손 모으며 물이 되어 가는 길
서늘한 법열의 자리
그대에게로 가는 길

온전히 버리고서야 남아 있는 씨앗 한 점
풀 소리 바람 소리 숨겨둔 뜰에 서면
한 생을
저 가을 햇살처럼
갈무리 하고싶다.

고향집 · 1

잊혀진 시간으로 돌계단을 딛고 가면
풀꽃이 흐드러진 들길이 보였다.
어디서 한줄기 바람
금목서 향기 실어오고

이끼 낀 추억 너머 패랭이는 지고 피고
때 절은 액자 속의 환한 웃음 그 둘레로
누군가 다가와서는
울타리를 치고 있다.

고향집 · 2

마음의 뜰 한 자락 다잡아 여민다
어느 새 열려지는 또 다른 마음자락
네게로 향하는 창을 닫을 수가 없어라.

채마밭의 감나무 지금도 서 있을까
언젠가 뜨거운 손길 가 닿을 그 날까지
거친 손 마디마디에 끼워보는 풀꽃반지

제4부 장경 속의 절 한 채

겨울고원

잔기침 소리에도 금이 가는 겨울 산정
눈보라 한가운데 에스키모 가고 있다.
바람은 회오리치며
온몸을 쓸고 간다.

저 혼자 부는 바람 바람개비 돌리고
세월의 끝에 서서 언 하늘을 바라보며
누가 또 이 먼 밤길을
혼자서 떠나는가

장경 속의 절 한 채

안개와 바람으로
달려오는 너를 본다

그리운 가슴 자락
풍경처럼 흔들리며

시공을 제쳐버리고
껍질 깨는 너 돌이여.

산그늘 깔고 앉아
이마 씻는 석탑 비껴

천년을 두고 푸르른
저 고요의 바다 앞에

우리는
또 무슨 정(釘)으로
지킬 나날 쪼을건가.

사는 일 딛는 길이
흐르는 물 그 같아도

갈수록 앙금 쌓이는
이승엔 먹물이 들고

저무는 가을 산사의
장경 품에 안기네.

겨울 산문

고요 위에 떠 있는 산문 앞의 가랑잎
흰눈의 정(精) 이승을 하염없이 지워내고
법구경 줍던 스님도
바람 속에 숨었네

바위틈을 뚫고 솟는 샘물 같은 길이라면
마음문 죄다 열고 맺힌 끈 모두 풀고
날리는 저 흰 눈처럼
표표히 날아가라

길 없는 길을 따라 끝없이 가야만 할
아직도 내 살아서 건너야할 개울가
새순을 틔우는 난 꽃
가슴 담아 피운다.

빗돌의 노래 · 1
―정신대

한 알 사과 떨어져 누운
박토의 뜨락에도

꽃은 피고 있는가
새는 울고 있는가

우리가 부를 수 있는
이름 하나 있는가

덜컥대는 철모 속에
군화 발이 밟고 간 들

잡초처럼 질긴 숨이
질경이로 눈을 뜨는

새날을 붙잡으려고
이대도록 떠돈다

용서라는 꽃바람도
화해의 빗돌들도

하늘까지 사무치는
이 함성은 아니다

잠재울 노래 한 소절
뜨겁게 수혈하라.

빗돌의 노래 · 2
― 정신대

다시 산에 오른다 잡목들을 헤치며
완전한 고통 속에 완전한 절망 속에
기억을 죄죄 지우며
활시위를 또 당기러.

암울한 실패 속에 암울한 성공 속에
역사의 현장마저 꽃다발로 숨겨 놓고
꺾여진 허리춤조차
한번 펴지 못하고

끄떡 않는 바윗돌에 선지피로 돋는 부리
속절없다 속절없다 당하기만 한다면
찬 하늘 저 너머에서
원혼들이 떠돈다.

아픈 상처 들쑤셔서 덧나게 하지 마라
절통한 가슴 앞에 무릎을 꿇고 앉아
이제는 사죄케 하라
산이라도 끌고 와서

겨울나기

산으로 가는 길에 새 한 마리 날았다.
푸른 정령(精靈)들 상록수 잎에 매달려
밤새운 입김 따라서
꽃으로 환생하고

바람 부는 가지마다 흰눈조차 쌓이면
까닭 모를 슬픔은 목젖까지 차 올랐다.
고프던 그리움 한 구석에
시나브로 별은 지고

곁가지 잘라내는 뼈아픈 손을 들고
적막한 바람으로 누워있던 섬들이
황토빛 닻을 올리며
피안을 건너간다.

버찌처럼 검어도

알알이 맺힌 설움 버찌처럼 검어도
울 수 없는 아픔은 기어라도 가야 하는
사는 일, 아름다워라
흑요석으로 빛날 때

비상구

열풍 부는 건조 지대
물기 배인 통로 저편

아픔으로 귀향하는
낯선 모음 사이로

예약된
한 순갈 허기
녹화된 채 남아있다.

자판기

뜨거운 절망 한 컵
언제나 드립니다.

바람을 안고 가는
전율하는 오르막

어둠살
풀어 내리는
모르스이고 싶습니다.

걸음 · 1

한밤중 일어나서
머리를 감아본다.
찬물에 손 담근 채
왼 종일을 지내다 보면
매듭도 풀려지겠지
얼크러진 실꾸리.

한 올의 실을 따라
우리는 가고 있다
때로는 먼발치서
우회전도 하면서
누군가 기억하여 줄
땀 젖은 손을 위해

다시

어느 냇가 바위틈에
피어나는 민들레

산여울 돌아돌아
외따로 홀씨 내려

젖은 눈
보시시 뜨며
피워 올린 꽃대궁

걸음 · 12

사람이 산다는 것은

누군가의
가슴속에

오래도록 불 밝혀
남아있는 일이라고

출근 길
우산 속에서
되어보는 비오는 날

해돋이

앞앞이 말 못해도
가야만 할 길이라서

장대 끝 흔들려도
오늘을 가고 있다.

시간의 날숨 밖으로
잎새 하나 지는데

비릿한 밤꽃 향기
흐드러진 산야에

새로운 길을 내며
떠나는 아침은

눈부신 깨우침 되어
해돋이로 설렌다.

여행

비어있는 날들의 아픔을 채우려고
바다를 향하여 나래를 펼치는가
열어둔 가지 사이로
한 마리 새 날아올 때

머리카락 올올이 푸른 바람 스치면
창밖에 잎 지듯이 빗발이 떨어진다.
시공을 건너서 오는
수세기전 빛의 떨림

망고나무 익은 열매 달디단 과즙처럼
꿈꾸는 칼 한 자루 품어서 갈았다면
시리고 쓸쓸한 날도
풀잎 베듯 지우리

푸른 시간

별빛 쏟아지는
아름다운 시애틀 항구

호수에 떨어지는
은은한 물빛, 불빛

마음도 별빛 하늘도
아쉬움에 젖어라

세월은 화살 같아도 영원할 자연의 품

삼나무 숲길 따라
흐르던 푸른 웃음

언제나 가슴에 살아
익어갈 나날이여

우리 빛나는 날 기억의 창고에서

풋풋한 나무로 새록새록 살아나리

기나긴 삶의 길목에서
그대 미소와 함께

연변 동포

기억의 골을 건너 저편의 언덕 넘어
잎새는 소리 없이 물결에 밀리고
한 시절 족쇄 채운 채
떠돌다 가더라도

홀로 선 갈밭머리 애끓는 아지랑이
아리랑 아라리요 삼키는 가락가락
뜨거운 눈물 넘어서
화석이 된 이름들

씨앗 하나의 가을

갈라진 손등으로
해묵은 먼지를 털며

반야심경 한 구절로
오지랖을 가리는 날

맑은 혼 햇살 한줄기
제 목소릴 듣고 있었다.

부서지고 마멸돼도
감광지에 인화되는

새겨야 할 진실들은
푸르게 뻗고 있어

나무는
씨앗 하나로
가을을 열고 있었다.

그리움

책갈피를 넘기다가
대금산조를 듣다가

손끝이 절절한
먼 그대 긴한 안부

떨치어 버릴 수 없는
내 마음의 긴 여백

바다 묵시록

너 그기 있고
나 여기 있고

그기와
여기

얼마만한
거리인가

아득히
출렁거린다
말없는
푸른 생애

생전에
―어머니

모처럼 자고 가라고
그 말씀 귀에 밟힌다.

에이구 그리 바쁘나
하루 늦게 태어난 셈 치지

봄꽃도
환한 춘삼월
아버님 기일 저녁.

반찬을 장만하듯이
시간을 마련하거라

한생을 아낌없이
불태운 부싯돌

하루도
시간을 못내는

애운함
둘데 어디……

> 해설

존재 탐색과 사회적 상상력의 통합

유성호

문학평론가, 한국교원대 교수

1.

　우리 현대시조는 근대 이후에 발생하고 확산된 자유시형에 의해 상대적으로 변방의 위치로 내몰려 있는 것처럼 보인다. 철저하게 시적 주체의 내적 호흡과 개인적 정서에 충실했던 근대 자유시는, 개인적 자율성과 사회적 복합성을 그 안에 반영하면서 현대 사회의 가장 전형적인 서정 양식으로 그 자리를 굳히게 된다. 우리 주위에서 보더라도 일찌감치 가능성을 보이는 문청(文靑)들이 시조를 선호하는 일을 보기가 쉽지 않고, 역량있는 비평가

들도 대개는 시조를 외면하면서 자유시 양식에 자신의 식견과 필치를 집중적으로 할애하고 있다. 이래저래 지금의 시조 양식은 주변부 장르로서의 속성을 불가피하게 견지하고 있다고 할 수 있다. 따라서 현대시조는 '현대성'과 '시조다움(시조성)'이라는 두 가지 미학적 과제를 더욱 깊이 탐색하고 실천하여, '지금 여기'에서도 여전히 긴요하고 유효한 양식으로 거듭나야 한다는 시대적 요청과 마주하고 있다.

그렇다면 시조의 '현대성'과 '시조성'은 어떤 방식으로 동시에 구현될 수 있을까? 그것은 가령 고시조가 누렸던 옛 영광의 한켠을 추억하는 것으로는 불가능하다. 시조가 시가(詩歌) 양식의 중심이었던 시대에는 시조를 통해 당대인의 보편적 지·정·의가 표현되었겠지만, 자유시형이 이미 주류의 지위를 구가하고 있는 지금에는 '시조'로서의 양식적 정체성을 최대한 살려나가는 쪽으로 자신의 위상을 정립해야 할 것이다. 따라서 현대시조는 선험적 형식 안에 시인의 정제된 시상(詩想)을 담는다는 시조 본래의 정형적 전통을 더욱 강화하면서, 동시대를 살아가는 사람들의 실제적인 감수성과 미학적 감각을 담아가는 이중의 과제를 감당해야 한다. 이처럼 정형 양식으로서의 정체성을 더욱 충실하게 하면서, 급변하는 현대 사회의 삶의 양상들을 두루 포괄하는 균형 감각이 현대시조로 하여금 불리하기 짝이 없는 매체적 조건들을 극복

해갈 수 있게 할 것이다.

그 점에서 우리가 살피려고 하는 하순희(河順姬) 시인의 『적멸을 꿈꾸며』는, 시조의 '현대성'과 '시조성'을 균형있게 통합하고 있는 실례로 기억해둠직한 성과라고 할 수 있다. 예컨대 하순희 시인은 시조가 전통적으로 지켜온 형식적 안정성을 건강하게 계승하면서, 그 안에 존재 탐색과 자기 완성의 열정을 담고, 나아가 동시대인의 삶의 구체성과 애환을 담기도 하는 독자적인 시법(詩法)을 보여주고 있다. 이는 우리 시조단의 다양한 목소리를 위해서도 높이 평가받아야 할 개성적 목소리라 할 것이다. 그래서 우리가 하순희 시인의 시집을 읽어나가는 것은, 시인의 깊이 있는 존재 탐색과 따뜻한 사회적 상상력의 통합 과정에 동참하는 일이 된다.

2.

우리가 가장 먼저 눈여겨보아야 할 것은, 시조 장르의 전통적 '서정'의 원리와는 다소 낯선 지점에서 하순희 시인의 시적 발상이 자라나고 있다는 점이다. 말하자면 시인은 이른바 '사회적 상상력'에 의해 '자기'의 이야기가 아닌 '타자(他者)'들의 이야기를 시 안에 담는다. 이러한 뭇 타자들의 현실적 애환을 그리면서도 시인은 모든 존재가 보편적으로 꿈꾸는 '근원'에 대한 탐색을 동시에 행하고 있는데, 바로 이 점이 하순희 시인의 가장 독자적인 음역(音域)이라 할 것이다. 다음 작품은 이 같은 결합이, 특유의 균형 감각 속에 녹아든 대표적인 사례이다.

> 난 한 촉 벌고 있는 소액환 창구에서
> 얼어 터져 피가 나는 투박한 손을 본다
> "이것 좀 대신 써 주소, 글을 쓸 수 없어예."
> 꼬깃꼬깃 접혀진 세종대왕 얼굴 위로
> 검게 젖은 빗물이 고랑이 되어 흐른다
> "애비는 그냥 저냥 잘 있다. 에미 말 잘 들어라."
> 갯벌 매립 공사장, 왼종일 등짐을 져다 나르다
> 식은 빵 한 조각 콩나물 국밥 한술 속으로
> 밤새운 만장의 그리움, 강물로 뒤척인다.
> 새우잠 자는 부러진 스티로폼 사이에
> 철 이른 냉이꽃이 하얗게 피고 있다
> 울커덩 붉어지는 눈시울,
> 끝나지 않은 삶의 고리
>
> ―「비, 우체국」 전문

시집의 맨 앞머리에 수록된 이 아름다운 작품은, 비 오는 날 우체국의 한 장면에서 평범하게 살아가는 사람들의 삶의 무늬를 잔잔하게 포착한 시편이다. "난 한 촉 벌고 있는 소액환 창구에서 / 얼어 터져 피가 나는 투박한 손을" 가진 한 사내가 글씨를 못 써 "애비는 그냥 저냥 잘 있다. 에미 말 잘 들어라"라는 말을 대신 써달라는 부탁을 누군가에게 하고 있다. 아마도 이 사내는 아내와 자식들을 떠나 외지(外地)에서 노동을 하는 사람일 것이다. "갯벌 매립 공사장, 왼종일 등짐을 져다 나르다 / 식은 빵 한 조각 콩나물 국밥 한술 속으로 / 밤새운 만장의 그리움, 강물로 뒤척인다"는 구체적인 정보가 이를 뒷받침해 준다. 결국 이 사내는 "갯벌 매립 공사장" 인부로 고된 노동을 하다가, 비 오는 날 우체국에 와서 가족들에게 안부를 전하고 있는 것이다. 이 노동자의 삶과 사랑을 통해, 시인은 우리가 마땅히 돌아보아야 할 이 땅의 척박한 풍경을 간접적으로 환기하고 있다. 이 시에서 '우체국'은, "새우잠 자는 부러진 스티로폼 사이에 / 철 이른 냉이꽃이 하얗게 피고 있"는 풍경과 한 사내의 "울커덩 붉어지는 눈시울, / 끝나지 않은 삶의 고리"를 동시에 매개해주는 상징적인 장소로 기능하고 있다. "끝나지 않은 삶의 고리"라는 표현은 이러한 삶의 고단함과 사랑의 무늬가 지속적으로 이어질 것임을 암시하고 있다.

 이처럼 하순희 시인의 작품에는 이름없는 타자 곧 '이웃'들의 삶이 유난히 많이 나타난다. 시인은 '촛불'이라는 익숙한 사물을 두고도 "바람으로 다가오는 이웃의 울타리로 / 하얀 목숨 한 자락 아낌없이 태우"(「촛불」)는 형상으로 보고 있고, "부르면 / 달려올 것만 같은 / 차마 못 잊을 이웃"(「수물지의 사진첩」), "살아서 버려지고 / 짓밟힌 풋목숨들"(「아카시아—망월동에서」), "등이 시린 이웃들의 아픔"(「마감 뉴스를 들으며」), "뜨거운 눈물 넘어서 / 화석이 된 이름들"(「연변 동포」)에 대해서도 지속적인 연민과 공감을 보내고 있다. 그것은 시인이 "사람이 산다는 것은 // 누군가의 / 가슴속에 // 오래도록 불 밝혀 / 남아있는 일"(「걸음・12」)임을 경험적으로 잘 알고 있기 때문이다.

이러한 타자들에 대한 적극적인 연민과 공감은, 역사와 현실로 그 대상을 확장하기도 한다. 예컨대 시인은 "역사의 현장마저 꽃다발로 숨겨 놓고 / 꺾여진 허리춤조차 / 한번 펴지 못하고"(「빗돌의 노래・2—정신대」) 있는 장면을 답사하기도 하는데, "살아있는 언어는 가시처럼 박혀서 / 무엇을 증거하려고 / 몸부림 치고 있는가"(「시집을 읽으며」)라면서 '시'와 '현실'의 관계를 묻기도 한다. 또한 시인은 세계화 시대의 초국적 자본을 두고 "모조리 쓸어가는 강풍의 토네이도"나 "먹성 좋은 괴물"(「대형마트에서」)로 비유하면서, 우리를 왜소하게 하는 모든 자본 권력을 "내일은 어느 마법사가 / 무슨 주문 걸 것인가"(「대형마트에서」)라고 비판하고 있다.

이처럼 하순희 시인의 시적 수원(水源) 가운데 종요로운 한 가지는, 이름없이 살아가는 타자들의 눈물겨운 삶에 대한 연민과 공감, 그리고 그것을 동시대의 역사와 현실로 확장하는 안목에 있다. 한 발 더 나아가 하순희 시인은 우리의 척박한 현실에 대한 적극적 항체(抗體)로서 시원(始原)의 시공간을 상상적으로 그리고 있는데, 그 시공간에서 시인은 우리가 잃어버리고 사는 근원적 가치들을 새삼 일깨우고 있다. 이는 시인의 현실적 안목이 정치적 이념에서 오는 것이 아니라, '근원'에 대한 가치 인식에서 발원하는 것임을 알려준다.

> 다시 나를 보내다오 아프리카 밀림으로
> 맘모스와 공룡이 어울려 함께 어울려
> 광막한 푸른 초원 위
> 야자수 잎새 춤추던
>
> 수억 광년 빛의 세월 거슬러 내려가면
> 거기 가슴 저린 손발 저린 진폐증
> 눈물도 검은 눈물도
> 말라붙은 동공이
>
> 푸르러 더 싱싱한 지구의 허파 그 시대로
> 철철철 넘치는 수액 온몸을 적셔주는
> 돌아가 태어나고 싶다.
> 다시 푸른 몸으로
>
> ―「석탄」 전문

이 작품의 시적 화자는 '석탄'이다. '석탄'은 상상 속에서 건강한 시원의 상태 곧 '나무'의 상태로 돌아가고자 하는 열망을 내비친다. 그곳은 "아프리카 밀림" 곧 "맘모스와 공룡이 어울려 함께 어울려 / 광막한 푸른 초원 위 / 야자수 잎새 춤추던" 바로 그곳이다. 그러나 '석탄'은 "수억 광년 빛의 세월 거슬러 내려가" "가슴 저린 손발 저린 진폐증"과 "검은 눈물"과 지친 "동공"을 가진 누군가의 삶과 마주친다. 그래서 '석탄'은 "푸르러 더 싱싱한 지구의 허파 그 시대로 / 철철철 넘치는 수액 온몸을 적셔주는" 그때로 돌아가려고 하는 것이다.

　"진폐증"으로 대비되는 문명과 "싱싱한 허파"로 비유되는 자연의 건강성을 대비하면서, 이 시는 '석탄'이 만들어지기 이전의 까마득한 시원의 상태와 '석탄'을 캐면서 눈물과 진폐증으로 삶의 고통을 겪고 있는 사람들의 삶을 대조적으로 연관시킨다. 그래서 시인은 '근원'에 대한 갈망과 '타자'에 대한 연민을 동시에 구현하고 있는 것이다. "돌아가 태어나고 싶다 / 다시 푸른 몸으로"라는 '나무'가 되고자 하는 '석탄'의 희원(希願)은 그래서 시인 자신의 것임과 동시에 우리 시대의 보편적 동경(憧憬)이 반영된 것이다. 이러한 시인의 관심은 자신의 삶의 자세에 대해서도 마찬가지로 적용되는데, 시인은 정결하고 높은 정신적 상태에 자신의 삶이 놓이기를 꿈꾸는 것이다. 이 고독하면서도 가열한 '꿈'을 통해 시인은 내면에서도 견고한 시원의 상태를 얻는다.

> 잔기침 소리에도 금이 가는 겨울 산정
> 눈보라 한가운데 에스키모 가고 있다.
> 바람은 회오리치며
> 온몸을 쓸고 간다.
>
> 저 혼자 부는 바람 바람개비 돌리고
> 세월의 끝에 서서 언 하늘을 바라보며
> 누가 또 이 먼 밤길을
> 혼자서 떠나는가
>
> ―「겨울고원」 전문

여기서 시인이 바라보고 있는 '겨울고원(高原)'은, 시인 자신의 정신적 상승 과정을 유추케 하는 어떤 상태를 이름한다. 그 점에서 "잔기침 소리에도 금이 가는 겨울 산정"은 그래서 단순한 시적 배경(背景)이 아니라, 시인의 내면적 상황을 은유하는 전경(前景)이 된다. 그 혹한의 산정(山頂)에서 길을 가고 있는 "에스키모"는 맵찬 "바람"을 거슬러오르는 시인의 의지를 간접적으로 표상하는데, "세월의 끝에 서서 언 하늘을 바라보며 / 누가 또 이 먼 밤길을 / 혼자서 떠나는가"라는 결구(結句)에서 시인은 '겨울고원'이라는 정신적 상승의 과정이 견고한 의

지에서 완성되는 것임을 말하고 있다. 이 같은 의지는 "푸르게 눈을 뜨는 / 톡 쏘는 열림 같은 // 맵고도 정갈한 맛의 / 우리 삶은 / 없는 걸까"(「마늘 까기」)라는 탄식에도 반어적으로 배어 있다.

이처럼 하순희 시인의 시세계에는 자신을 다잡고 그 의지를 굳게 하려는 지사적(志士的) 열의가 담겨 있다. 이 점에서 "하순희의 시를 지탱하고 있는 힘은 무엇보다도 이 세계에서 홀로 있음을 견뎌 내련다는 의지"(강상희)라는 시각은 여전히 유효하다. 거기에 이른바 '사회적 상상력'을 덧입혀 '타자'들의 삶과 '근원'에 대한 열망을 구현함으로써, 하순희 시인의 시세계는 매우 개성적인 권역을 이루어가고 있는 것이다.

3.

앞에서도 살폈듯이, 하순희 시인이 적공(積功)을 들이고 있는 주제 가운데 가장 중심적인 것은, 인간 존재의 '근원'에 대한 시적 탐색이다. 그래서 그의 시에 나타나는 목소리는 개별적인 체험에 한정되지 않고, 존재 일반의 탐색이라는 보편적 성격을 띤다. '사회적 상상력'의 소산이라고 할 수 있는 일군의 타자 지향의 시편들도 결국은 이 같은 시인의 '근원'에 대한 믿음과 의지가 현실

속으로 침투한 결과이다. 가령 다음 작품은 이러한 균형 감각이 뜻 깊게 실현된 실례인데, 시인이 탐색하는 존재의 근원과 시인 자신이 꿈꾸는 자기 완성의 모습이 어떠한지가 '그릇'이라는 비유적 사물을 통해 잘 나타나 있다.

> 산산이 부서져라 한 점도 남기지 말고
> 부서져 어느 도공의 손끝에 다시 가 닿아
> 수만도 불길 속에서 끓는 물이 되거라
>
> 어쩌지 못해 지녀왔던 못난 삶의 언저리
> 바스러질 대로 바스러져 형체 모두 지워버린 채
> 티끌로 먼지로 변해 흙으로 돌아가라
>
> 하얀 피 철철 흘려 깨어지는 아픔 있어도
> 풀잎 돋고 뿌리내린 나무 밑의 한줌 흙으로
> 몇 억겁 바람이 불어도 그 세월 이기거라
>
> 그런 날 인연 닿는 어느 도공의 눈에 띄어
> 시린 마음을 담아 데워서 건네주는
> 이 지상 단 하나 남을 결 고운 그릇이 되거라.
>
> ―「그릇」 전문

이 작품에 나타난 '그릇'의 파괴와 회귀와 재생의 과정은, 시인 자신이 궁극적인 '근원'으로 돌아가고자 하는 열망을 상징하고 있다. 견고한 물질성을 띠고 있는 '그릇'이 깨지고 녹아 "이 지상 단 하나 남을 결 고운 그릇"이 되려는 재생의 의욕이야말로 시인 자신의 삶의 의지를 함축하고 있는 것이다. "한 점도 남기지 말고 / 부서져 어느 도공의 손끝에 다시 가 닿아 / 수만도 불길 속에서 끓는 물이" 된 '그릇'은 시인의 상상 속에서 "바스러질 대로 바스러져 형체 모두 지워버린 채 / 티끌로 먼지로 변해 흙으로 돌아가", "하얀 피 철철 흘려 깨어지는 아픔"을 통해 거듭나고 있다.

 그 거듭난 존재는 또한 "풀잎 돋고 뿌리내린 나무 밑의 한줌 흙으로 / 몇 억겁 바람이 불어도 그 세월"을 견디고 태어난다. "그런 날 인연 닿는 어느 도공의 눈에 띄어 / 시린 마음을 담아 데워서 건네주는 / 이 지상 단 하나 남을 결 고운 그릇이 되거라"는 소망은 그 같은 고통의 견인(堅忍)을 통하여 자기 완성에 이르려는 시인의 의지를 표상하는 것이다. 이러한 자기 완성의 의지는 시집의 표제작이기도 한 다음 작품에서 좀 더 선명하게 나타난다.

  해진 신발을 끌며 가야 할 길 남아있어
  난타하는 북소리 온몸으로 받으며
  몸 하나 깨끗이 사를
  장작 한단 마련키 위해

눈감아도 젖어오는 흐린 날 강둑에서
흩뿌리면 그만인 이름 없는 늑골들
적멸에 들고픈 홀씨.
바람결에 날아간다

―「적멸을 꿈꾸며」 전문

  사실 '적멸(寂滅)'이란, 모든 존재가 무화(無化)되면서 동시에 영속화되는 역설적인 상태를 말한다. 다시 말하면 '적멸'은 세상의 모든 갈등과 모순을 지우고 새로운 자기 완성으로 접어들려는 시인의 욕망을 함축한다. 그런데 시인의 상황은 "해진 신발을 끌며 가야 할 길"이 남아 있는, 이를테면 번쇄한 속사(俗事)와 인연들이 아직도 몸에 남아 있는 상태이다. 그래서 시인은 "난타하는 북소리"를 배경으로 "몸 하나 깨끗이 사를 / 장작 한단"을 마련코자 한다. 그 장작 속에 "해진 신발"이며 "몸 하나"를 소멸시키며 시인은 "깨끗이" 생을 완성하려고 하는 것이다. 이는 시인 스스로의 자기 완성을 위한 상징적 제의(祭儀)인데, 말할 것도 없이 그 과정은 시인이 필생을 다해 쓰고자 하는 시(詩) 자체에 대한 은유이기도 하다.

  그러나 그것이 가능할까. 아마도 불가능할 것이다. 그래서 시인은 그 "적멸을 꿈꾸며"라고 이야기한다. 원래 '꿈'은 부재와 결핍의 상황을 극복하기 위한 불가능한 인간적 반응이 아닌가. 유한자(有限者)로서 가지는 자기 완성의 상상적 노력이 그 '꿈'에 배어 있지 않은가. 따라서 둘째 수에서 시인이 "눈감아도 젖어오는 흐린 날 강둑에서 / 흩뿌리면 그만인 이름 없는 늑골들 / 적멸에 들고픈 홀씨 / 바람결에 날아"가는 풍경을 바라보고 있는 것은, 이 같은 '꿈'의 투영 작업인 것이다. 그리고 "적멸에 들고픈 홀씨"는 바로 시인 자신인 것이다.

> 억새 피는 고향 언덕 마음두고 떠나와
> 하늘 끝에 서걱이는 마른 설움 풀어내며
> 해마다 늘 이맘때면
> 노오란 인동꽃이네
>
> 내리붓는 폭염 건너 단풍 물든 산자락 지나
> 가림 없는 빈손 모으며 물이 되어 가는 길
> 서늘한 법열의 자리
> 그대에게로 가는 길
>
> 온전히 버리고서야 남아 있는 씨앗 한 점
> 풀 소리 바람 소리 숨겨둔 뜰에 서면
> 한 생을
> 저 가을 햇살처럼
> 갈무리 하고싶다.
>
> —「가을의 시(詩)」 전문

원래 '가을'은 온갖 생명들이 이울어가는 소멸의 얼굴과 만상이 열매를 거두는 생성의 얼굴을 동시에 하고 있다. 시인은 그 가을에 "빈손 모으며 물이 되어 가는 길"(소멸)과 "온전히 버리고서야 남아 있는 씨앗 한 점"(생성)의 형상을 다 수확하고 있다. "억새 피는 고향 언덕 마음두고 떠나와" 타관에서 바라보는 가을은 시인에게 이처럼 "서늘한 법열의 자리 / 그대에게로 가는 길"을 가르쳐준다. 그것은 다름아닌 "온전히 버리고서야 남아 있는 씨앗 한 점"이 되는 길이다. "한 생을 / 저 가을 햇살처럼 / 갈무리 하고싶다"는 시인의 소망은 그래서 "적멸을 꿈꾸며"와 거의 동의어가 된다. '적멸'과 '가을의 시'는 그렇게 한 사람의 생에서 소멸과 생성의 통합, 그리고 그것을 통한 자기 완성을 가져다주고 있기 때문이다.

 생각건대 이러한 '적멸' 혹은 '근원'의 상태를 꿈꾸는 시인의 의지는 매우 치열한 것이다. 사실 시인 자신의 의지가 견고하고 지속적인 것은 시집 곳곳에 매우 잘 나타나는데, 그의 남다른 치열성은 문면(文面)에 적극 나타나지 않는다. 그런데 그 치열성은 '이중섭'이라는 뜨거운 상징을 통해 간접적으로 발화(發話)되고 있다. 「이중섭의 유작전에서·1―남덕에게」는 이중섭의 아내 남덕에게 건네주는 발화의 형식으로 된 시편인데, 이 작품에서 시인은 "힌 뼈로 홀로 서 있는 / 그리운 자작나무"라는 치열성의 형상을 화가의 아내에게 부여하고 있다. 그 형상이 자신의 의지가 반영된 스스로의 것임은 두 말할 나위없다.

　　한 획 등뼈처럼 내리그은 화필 끝에
　　언 땅을 노려보는 잠들 수 없는 눈빛
　　삭혀도 되살아나는
　　어쩔 수 없는 멍울인가

　　네 뿔이 이고 있는 군청(群靑)의 하늘 아래
　　주린 창자 안고 가는 흰옷 입은 이웃들과
　　뒤틀린 발자국 같은
　　배리(背理)의 길도 있었지.

　　나눠 지닌 궁핍 앞에 바람막이로 버티면서
　　묵묵히 네가 갈던 이 땅의 묵정 밭에
　　오늘은 또 다른 문명이
　　짙은 그늘 딛고 섰다.
　　　　　　　　　　　　―「이중섭의 흰 소를 보며」 전문

　신춘문예 당선작이기도 한 이 시편에서 하순희 시인은 "한 획 등뼈처럼 내리그은 화필 끝에 / 언 땅을 노려보는 잠들 수 없는 눈빛"을 역동적으로 그려낸다. 물론 이것은 이중섭(李仲燮)이라는 빼어난 예술가가 그려낸 그 유명한 '흰 소'의 형상에서 따온 것이지만, 이는 곧바로 시인이 열망하는 어떤 지경(地境)에 대한 은유이기도 하다. 거기서 "네 뿔이 이고 있는 군청(群靑)의 하늘 아래 / 주린 창자 안고 가는 흰옷 입은 이웃들"을 연상하는 것 역시 시인에게는 이미 자연스러운 일이다. 그들의 삶에 가득 배어 있는 "궁핍 앞에 바람막이로 버티면서 / 묵묵히 네가 갈던 이 땅의 묵정 밭"은 오늘도 살아 있어 "또 다른 문명이 / 짙은 그늘 딛고" 서 있는 풍경과 역동적으로 마주서고 있다. 이중섭의 그림을 보면서 시인은 이처럼 치열하고 견고한 자신의 삶의 기율을 상징적으로 나타내고 있는 것이다.

이처럼 하순희 시인의 시세계는, '사회적 상상력'에서 발원하는 타자들의 삶에 대한 관심과 '근원(시원)'과 '적멸'에 대한 희원을 통한 자기 완성의 의지, 치열한 삶의 태도 등을 결합시킨 의지적 목소리에 의해 구축되고 있다 할 것이다. 이것이 바로, 애잔한 서정으로 넘실대기 쉬운 여성 시인들의 시세계 가운데 하순희 시인의 시세계가 빛나는 개성적 영역이라고 할 수 있다.

4.

우리 민족의 언어 · 습속 · 정신 · 위의(威儀)를 그 안에 자연스레 내장하고 있는 '시조'는, 그 어원에서도 알 수 있듯이, 한 시대의 풍속과 이념 그리고 보편적 정서를 끊임없이 드러내고 표상해온 민족문학의 정수(精髓)이자 보고(寶庫)이다. 생각해 보면, 일본의 시인들이 그들의 전통 시가인 '하이쿠[俳句]'의 기율과 정신을 매우 정성스럽게 익히는 태도와 비교할 때, 우리 현대시인들이 시조에 대해 갖는 냉담과 무지는 자괴심이 들 정도이다. 특히 음주사종(音主詞從)의 가창적 특성이 사상(捨象)되고 문자 예술로서의 속성만을 가지게 되면서, 우리 문학에서 현대시조는 급격히 자유시에 주류의 자리를 내주게 되었다. 이제 그 문학사적 공백을 우리 시대의 시적 주체들이 민감하게 반성하여, 현대시조에 대한 형식적·내용적 탐색을 지속적으로 보여주어야 할 것이다.

그러나 그것이 자유시형과 거의 구별이 안 되는 파격과 해체적 시형으로 완성되기는 어려울 것이다. 그것은 오히려 시조의 정체성을 훼손하는 일이 될 것이다. 이 시점에서 우리는 "왜 하필 '시조'인가?"라는 질문을 다시 던져보아야 한다. 근대적인 자유시로도 표현 가능한 것을 왜 '시조'라는 구속적 형식을 통해서 표현하려 하는가? 첨단의 디지털 시대에 '시조'라는 오래된 양식의 존재 이유는 무엇인가? 그 까닭은 '시조'가 아니면 안 되는 고유한 표현 형식과 자질이 시조 안에 있기 때문이 아닐까? 따라서 현대시조는 자기 안에 부여된 일정한 양식적 구속을 더욱 정교화해야 한다. 거기에 동시대인의 현대적 감각과 삶의 애환을 동시에 구현함으로써, 고시조와는 다른 '현대성'과 '시조성'을 양면적으로 구축해갈 수 있을 것이다. 양식의 정체성을 지키고[法古], 현대적 감각과 정신을 통합하고 수용하는[創新] 이러한 태도만이 역설적으로 현대시조의 정체성을 굳고 풍요롭게 하는 유일한 방법일 것이다.

시인 스스로도 "시조는 시조의 정형을 지켜나갈 때 시조로서의 생명이 살아날 것이요 그 맥이 영원할 것"(「체험적 시론」)이라고 말한 바 있다. "쓰는 일이 또 다른 영원한 구도의 길이요 생명 정화의 길"이라고 믿으면서 혼신을 다해 시를 쓰고 있는 하순희 시인의 이 같은 장르 인식과 각별한 자기 완성의 의지가, 존재 탐색과 사회적 상상력의 활발한 통합을 통해, 여러 면에서 소외를 겪고 있는 우리 현대시조의 앞날에 깊은 시사점을 던질 것으로 생각된다.

하순희 연보

1953년   경남 산청군 시천면 사리 남명 조식 선생님이 후학을 가르치던 덕천 서원이 있는 원촌 마을에서 부 하용보님과 모 정도년님 사이에서 육남매 중 다섯째로 태어남.
1966년   신천초등학교 졸업.
1971년   부산덕명여중 졸업.
1974년   진주여자고등학교 졸업.
         진주교육대학 입학, 학보사기자 활동.
1976년   진주교육대학 졸업.
         그 해 부산에서 김의암 시인의 지도로 『한국 여성시』 창간동인으로 활동함.
1980년   경남교원 백일장 시조부 장원을 하면서 시조를 쓰기 시작함.
1983년   대한어머니회 백일장 운문 장원.
1983년   경남시조 문학회의 전신인 마포 문학회 동인으로 활동함.
1987년   대한어머니회 백일장 산문 장원.
1989년   『시조문학』 여름호 천료, 작품 「길목에서」.
1990년   아동문학연구소 동시조 신인상 당선, 작품 「어머니」.
1991년   『경남신문』 신춘문예 당선, 작품 「길목에서・2」.
1992년   『서울신문』 신춘문예 당선, 작품 「이중섭이 흰 소를 보며」.
1992년~1994년   경남시조문학회 사무국장 역임.

1998년　시집『별 하나를 기다리며』(동학사) 냄.
　　　　한국 문화예술진흥원 문예진흥기금 받음.
1999년　마산 문협 부회장 역임.
2001년　경남시조문학상 수상, 작품「그릇」.
　　　　중앙시조대상 신인상 수상, 작품「비, 우체국」.
2004년　시집『적멸을 꿈꾸며』(태학사) 냄.
현재　　『경남문학』편집위원.
　　　　『시조시학』기획위원.
　　　　경남여류문학회장.
　　　　함안아라초등학교 교사로 재직 중.

참고문헌

서 벌, 「낯선 이웃, 그리고 행복과 섬」, 『시문학』, 1995. 11.
김제현, 「사설시조사전」, 경기대학교 연구교류처, 1997. 10.
_____, 『현대시조작법』, 새문사, 1999. 9.
_____, 「생명에의 애절한 기도」, 『경남시조』 19, 도서출판 경남, 2002.
강상희, 「현재와 영원을 잇는 존재론적 탐구」, 『별 하나를 기다리며』, 동학사, 1998. 10.
고운기, 「한국 문화예술진흥원」, 문예연감, 1999.
이재창, 「시간의 인식 혹은 사건 받아들이기」, 『경남문학』 겨울, 도서출판 경남, 1999.
이정환, 「삶의 자유와 진실성」, 『경남문학』 봄, 도서출판 경남, 2000.
이문형, 「공감할 수 있는 시조」, 『경남문학』 봄, 도서출판 경남, 2000.
_____, 「누군가가 해야 할 쓴소리」, 『경남문학』 가을, 도서출판 경남, 2000.
_____, 「시조가 융합해야할 오늘의 과제들」, 『경남문학』 겨울, 도서출판 경남, 2000.
이정환, 「삶의 중심축, 그 시업(詩業)의 길」, 『경남문학』 가을, 도서출판 경남, 2000.

_____, 「詩心 회복의 길」, 『경남문학』 겨울, 도서출판 경남, 2000.
조병무, 「세상살이에서 찾는 소재」, 『현대시』, 한국문연, 2001. 5.
서동인, 「일상에서 찾는 존재의 슬픔 혹은 그 아름다움」, 『열린시조』 여름, 태학사, 2001.
문무학, 「은유와 형식의 특성」, 『경남문학』 봄, 도서출판 경남, 2002.
_____, 「시조의 생명은 형식에 있다」, 『경남문학』 여름, 도서출판 경남, 2002.
_____, 「뜨거운 시정신」, 『경남문학』 겨울, 도서출판 경남, 2002.
_____, 「'다름'을 쫓는 시인의 고뇌」, 『경남문학』 겨울, 도서출판 경남, 2003.
이상옥, 「적멸을 꿈꾸는 시인」, 『시사문단』, 시사문단사, 2003. 7.
유성호, 「현대시조에 나타난 '서정'의 양상들—감각・시간・기억」, 『2003 만해축전』, 만해사상실천선양회, 2003. 7. 29.
_____, 「서정시의 현실인식」, 『서정과 현실』, 도서출판 작가, 2003. 8. 30.
윤금초, 『현대시조 쓰기』, 새문사, 2003. 3.
김복근, 「생태주의 시조연구」, 창원대학교 박사학위논문, 2003. 6.
정공량, 『시선』, 시선사, 2003. 9.